デザインをするように料理を楽しむ

BISTRO
ビストロ ベジーズ
VEGEE'S

食のクリエイティブユニット **Vegee's**

JN005798

みらい PUB LIS ING

ようこそビストロベジーズへ!

BISTRO VEGEE'Sは、皆さまを特別なメニューでおもてなしする架空のビストロです。お誕生日や記念日など特別な日はもちろんのこと、ふだんの生活の中でも、友人や家族との大切なひとときを、心ときめく料理でおもてなし。ほんの少しの贅沢を身近に感じていただけるそんなビストロです。どのメニューもビジュアルにこだわった美しい仕上がり。料理と器のコーディネートにも心を配り、おいしさにも、見た目にも満足できるひと皿に仕上げました。眺めるだけでも、きっとご満足いただけることでしょう。ページをめくりながら「このお料理にはこのワイン?」などと想像して、BISTRO VEGEE'Sでゆっくりと素敵な時間をお過ごしください。

3

本書での表記の決まり

●計量の単位は大さじ1は15ml、小さじ1は5ml、1カップは200mlで、いずれもすりきりです。●加熱時間は目安となります。電子レンジや

オーブンはお手持ちの機種に合わせて適宜調整してください。●材料は作りやすい分量を基準としています。●塩は天然海塩を使用しています。

Chapitre 1
スープと前菜

Soupes
et
Entrées

Poissons
et
Fruits de mer

Chapitre 2
魚料理

BISTRO
Vegee's
RecipeBook

目次2

BISTRO
Vegee's
RecipeBook

目次3

Très bon Pain

Chapitre 3
肉料理

Viandes

Légumes

BISTRO Vegee's RecipeBook

目次5

Chapitre 5
パスタ・ライス

Pâtes et Riz

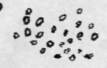

Desserts

Chapitre 6
デザート

BISTRO
Vegee's
RecipeBook

目次6

おいしい おはなし

Chapitre 1

Soupes et Entrées

スープと前菜

きゅうりのトルコ風冷製スープ

トマトのクリームスープ

ひよこ豆のテリーヌ

グリーンピースとカッテージチーズのディップ

オレンジキャロットラペ／アボカドエッグ

きゅうりのトルコ風冷製スープ

水を加えず素材だけで作った冷製スープは、きゅうりの歯ごたえも残るスムージーのような口当たりです。ヨーグルトとの組み合わせはさっぱりとしていて、暑い日のカリウムとカルシウムの補給にもなります。

材料（2人分／調理時間：約15分）

きゅうり　2本　　　　　　　　　　　〈飾り用〉
ヨーグルト　200g　　　　　　　　ディル　少々
すりおろしにんにく　1/2片
ディル　少々
オリーブオイル　大さじ1
塩　ひとつまみ
こしょう　適量

作り方

❶ きゅうりは薄切りの輪切りにし、塩を振って軽くもみ、10分置きます。

❷ キッチンペーパーで①の余分な水分をふき取ります。

❸ すべての材料をミキサーにかけます。

❹ 器に盛り、オリーブオイルをひと回し（分量外）し、ディルを飾ります。
　お好みで細かく砕いたくるみやパプリカパウダーを振り掛けても。

Soupe à la crème de tomate

トマトのクリームスープ

アメリカ留学の時によく食べていた思い出の味を再現しました。オーブンで玉ねぎとにんにくに火を通すので甘みも増します。カリカリのチーズトーストを豪快にディップしながら、おなかいっぱい食べたいスープです。

材料（4人分／調理時間：約60分）

トマトホール缶　2缶	塩　少々
玉ねぎ　1個	こしょう　適量
にんじん　小1個	
にんにく　1片	〈飾り用〉
オレガノ　小さじ2	バジル　適量
チキンスープ　400ml	
生クリーム（または牛乳）　50ml	

作り方

1. オーブンを210℃に予熱します。

2. 玉ねぎ、にんじん、にんにくをみじん切りにします。

3. 大きめの耐熱容器にトマト缶を入れ、スプーンなどでつぶします。
   そこに②、オレガノ、塩、こしょうを加えて混ぜます。

4. 材料が柔らかくなるまで、210℃のオーブンで約30分加熱します。

5. ④を鍋に移し、チキンスープを加えて煮立たせたのち、
   かき混ぜながら約15分煮ます。

6. 火からおろし、ミキサーでピューレ状にし、
   生クリーム（または牛乳）を加えて混ぜ合わせます。

7. 器に盛り、バジルを飾ります。

おいしいおはなし

世界中で愛される人気の食材
トマト

北はアイスランドから南はフォークランド諸島まで、世界各地で栽培されているトマト。トマト料理といえばスペイン料理やイタリア料理が有名ですが、世界各国にレシピがあり、食べ方のバリエーションが多い食材の一つです。元々は野生種だったトマトを栽培し始めたのは、南アメリカ大陸のアンデス地方と考えられており、15世紀のアステカ族はトマトを食事に取り入れていたようです。やがて16世紀初頭にスペインがメキシコを征服すると、新世界の珍しい植物はスペインをはじめ、ヨーロッパ諸国へ広まっていきました。当初、トマトは観賞植物として珍重され、食材としてはなかなか受け入れられなかったのです。スペインで献立の記録に登場するのは17世紀頃。この頃になると画家が絵画に描くほど一般的に広まっていたようです。イタリアでは18世紀にトマト料理がレシピ本に登場します。長い年月をかけ、トマト栽培はヨーロッパの風土に順応し、19世紀には大量生産されるようになりました。やがてアメリカ大陸に里帰りすると、味や使い勝手の良さ、栄養面で高く評価され人気野菜となります。

本書でご紹介しているトマトスープは、アメリカで人気の家庭料理で、カフェやダイナーにも、必ずと言ってよいほどメニューにあるスープのひとつ。クルトンやクラッカーとの相性は抜群ですが、食パンにチーズを挟んでフライパンで焼くだけのグリルドチーズサンドイッチ（こちらもアメリカでは定番メニュー）と合わせるのがおすすめです。とろけたチーズがトマトスープをさらにまろやかにして、おいしさ倍増。チーズやハーブで、濃厚、クリーミーに仕立てられたトマトスープは、トマトが苦手な方にもおすすめできる一品です。

参考文献：トマトの歴史（原書房／「食」の図書館シリーズ）クラリッサ・ハイマン（著）道本美穂（翻訳）

ほくほくと栗のような味わいと食感

ひよこ豆

ほくほくとした栗のような食感が楽しめるひよこ豆は、マメ科植物のなかでも古くから食べられてきた豆のひとつです。紀元前6000年頃中東で栽培されていたひよこ豆は、地中海周辺諸国をはじめ世界各地でいろいろな料理に用いられてきました。中近東や地中海沿岸では、ゆでたひよこ豆にタヒニ（中東の白練りごま）や、オリーブオイル、レモン汁などを加えてペースト状にしたフムスという伝統的な家庭料理が有名です。フムスは手軽に作ることができ、野菜やスモークサーモンなどを入れるとパンにもよく合うのでおすすめです。インドでは小粒のひよこ豆を挽き割り（ダール）にしてスープに、また粉末（ベサン）にして揚げ物の衣などにしています。

ひよこ豆は、他の豆類と同様にたんぱく質、ビタミンB群、カリウムなどのミネラルや食物繊維も多く栄養価が高い食品です。とくに、赤血球の形成を助ける栄養素「葉酸」が多いのが特徴でほうれん草と同じくらい含まれています。食物繊維もごぼうの約2倍、さつまいもの約3倍含まれ、イソフラボンも豊富です。現在、世界の生産量の2/3がインドで産出されており、日本では多湿な気候のため栽培に向かずメキシコ・アメリカ・カナダなどから輸入しています。中でもメキシコからの輸入が多いため、スペイン語名【ガルバンゾ】という名前でも知られています。水煮缶もあるので、サラダやスープ以外の料理でもいろいろ楽しめます。

本書ではひよこ豆の独特の食感と味わいが堪能できるように、ほんのりカレー風味をプラスしてテリーヌにしてみました。

参考文献：豆（法政大学出版局／ものと人間の文化史）前田和美（著）、フムス・豆のペーストレシピ70（朝日新聞出版）佐藤わか子（著）　参考サイト：公益財団法人 日本豆類協会

ひよこ豆のテリーヌ

ひよこ豆に鶏肉をあわせてカレー風味の生地を作り、アスパラガスと黄パプリカを彩りよく並べたテリーヌです。ひよこ豆のほっくりとした食感と甘さもしっかりと味わえます。しっとり滑らかな口当たりに仕上がりました。

材料 (4人分／調理時間：約60分 ※寝かす時間は除く／ テリーヌ型もしくはパウンド型 (小) 17×8×高さ6cm)

〈A〉

ひよこ豆 (水煮)　200g

鶏もも肉　100g

クリームチーズ　50g

卵　1個

カレー粉　小さじ1/2

塩　ひとつまみ

こしょう　適量

生クリーム　100ml

黄パプリカ　35〜50g

グリーンアスパラガス　5本

作り方

1 オーブンを170℃に予熱します。
　アスパラガスは型の長さに切りそろえ、パプリカは6等分に細長く切ります。

2 ミキサーにAと生クリームの半量を入れ、滑らかになるまで撹拌します。

3 滑らかになったら残りの生クリーム半量を入れ、軽く混ぜ合わせます。

4 クッキングシートを敷いた型に、③の1/4を流し込み、
　アスパラガス2本、黄パプリカ4本を横向きに並べます。

5 さらに1/4を流し込み、アスパラガス1本、黄パプリカ4本を並べます。

6 さらに1/4を流し込み、残りのアスパラガスと黄パプリカを並べます。

7 最後に残りのすべてを型に入れ、クッキングシートで蓋をします。

8 アルミホイルをかぶせ、水をはった天板に乗せ、
　170℃のオーブンで約45分加熱します。

9 氷水で粗熱を取り、重しを乗せて一晩冷蔵庫で寝かせます。

10 崩れないようにカットし、盛り付けます。

Verrine de pois verts au fromage cottage et ses mouillettes de baguette

グリーンピースと
カッテージチーズのディップ

色鮮やかで甘みたっぷりのグリンピースに爽やかなサボリーで香り付けをしました。カッテージチーズの酸味と合わさった独特の味わいはバゲットとの相性も良く、冷えたスパークリングワインといただくのもおすすめです。

材料（2人分／調理時間：約20分）

グリーンピース（冷凍）　100g 　　カッテージチーズ　100g
玉ねぎ　50g 　　　　　　　　　　生クリーム　小さじ2
ベーコン　30g
にんにく　1片 　　　　　　　　　〈飾り用〉
タイム　少々 　　　　　　　　　　細かく砕いたくるみ　適量
サボリー　少々 　　　　　　　　　バゲット　適量
オリーブオイル　小さじ1
塩　少々
こしょう　適量

作り方

① グリーンピースはさっとゆでます。
玉ねぎ、にんにくは薄切りにし、ベーコンは1cm幅に切ります。

② フライパンにオリーブオイルとにんにくを入れて加熱し、香りがでたら、
玉ねぎ、ベーコンを加えて焦がさないように火を通します。

③ 塩、こしょう、タイム、サボリーを加え、火からおろします。

④ ゆでたグリーンピースと③をミキサーにかけます。

⑤ ボウルにカッテージチーズと生クリームを入れ、
滑らかになるまで混ぜ合わせます。

⑥ 器に層になるように④の上に⑤を重ね、くるみを飾ります。
カリカリに焼いたバゲットを添えて。

Salade d'orange
et carottes râpées

Avocat farci à l'œuf

*Salade d'orange
et carottes râpées*

オレンジキャロットラペ

みずみずしいオレンジがにんじんの自然な甘さと、レモン、ビネガーの酸味をまろやかに調和します。ドレッシングを和えるだけでさっと作れ、にんじんをお好みの太さにアレンジしていろいろな食感も楽しむことができます。

材料（2人分／調理時間：約10分）

にんじん　1本
オレンジ　1個
塩　少々

〈飾り用〉
チャービル　適量

〈A〉
レモン汁　小さじ1/2
白ワインビネガー　大さじ1
オリーブオイル　大さじ3
砂糖　小さじ1/2
塩　少々
ブラックペッパー　適量

作り方

❶ にんじんは食べやすい長さに千切りにします。
　 塩を振ってしんなりさせたら、水気をしぼります。

❷ オレンジは皮をむき、食べやすい大きさに切ります。

❸ ボウルにAを入れて混ぜ合わせ、にんじんとオレンジにからめます。

❹ 器に盛り、チャービルを飾ります。

アボカドエッグ

アボカドを半分にカットして種を取り除いたところに卵黄を入れて焼くだけ、という簡単さに加えて、栄養価も高い前菜です。塩こしょうをしっかり効かせ、熱を通すことでアボカドのとろける食感と甘みを味わうことができます。

材料（2人分／調理時間：約15分）

アボカド　1個
卵黄　2個分
ミニトマト　2個
塩　少々
こしょう　適量

〈飾り用〉
パセリのみじん切り　適量
アーモンドスライス　お好みで

作り方

❶ アボカドとミニトマトは半分に切ります。

❷ 種をくり抜いたアボカドに卵黄とミニトマトを乗せ、塩、こしょうを振ります。

❸ オーブントースターで約15分加熱します。

❹ 器に盛り付け、パセリとアーモンドスライスを散らします。

豊かな風味で料理の味を引き立てる
オリーブオイル

常緑のつややかな葉と、丸い可愛らしい実が日本のガーデンでも人気のオリーブ。ノアの方舟等の伝説や神話に登場し、古代オリンピックでは勝者にオリーブの冠が与えられたとか。オリーブははるか昔から、豊穣、勝利、平和の象徴でした。現在、国際連合の旗にはオリーブの枝葉に包まれた地球がデザインされています。原産地は温暖な気候の地中海沿岸で、人類の農耕の歴史が始まった頃から栽培されていたといわれるほど古い歴史があります。

日本では19世紀に神戸が、続いて小豆島がオリーブ栽培地となり、現在は九州、四国、中部、関東、東北地方など各地で栽培に取り組んでいます。

オリーブの実の色は緑から赤、紫、黒へと変化しますが、この果実を搾ってとれた果汁がオリーブオイルになります。品種や育った土地によって、香りや味わいが異なるオリーブオイル。サラダやスープ、パスタにかけたり、アヒージョに使ったり、料理に使うと独特の香りが楽しめ、味に奥行き感が生まれます。にんにくや鷹の爪、ローズマリーを入れて香り付けし、オリジナルフレーバーオイルを作っても楽しめますね。

オリーブオイルは風味が大切ですので、直射日光が当たらない暗所で保存しましょう。冷蔵庫に入れると風味を落としてしまいます。また開封後は、できるだけ早めに使い切ることをおすすめします。

参考文献：オリーブの歴史（原書房／「食」の図書館シリーズ）ファブリーツィア・ランツァ（著）伊藤綺（翻訳）、決定版 育てて楽しむ オリーブの本（主婦の友社）岡井路子（著）

Chapitre 2

魚料理

プロヴァンス風メカジキポワレ タプナードソース

えびとマッシュルームのアヒージョ

ポーチドサーモン 北欧マヨネーズ添え

鯛の香草串焼き 季節の野菜と

ぶりとあさりのアクアパッツア

プロヴァンス風メカジキポワレ
タプナードソース

レシピはP38〜をご覧ください。

 *Espadon poêlé à la Provençale*

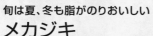 *sauce tapenade*

おいしい おはなし

旬は夏、冬も脂がのりおいしい
メカジキ

メカジキは英語で「swordfish」と呼ばれるように口先に剣のように尖っ
た吻(フン)を持ち、その吻を武器に海の表面と深海を行き来していかや
魚などを捕食します。イタリアなどではポピュラーな魚でソテーやムニエ
ル、フライなどで親しまれています。

国内での水揚げ量は宮城県の気仙沼港が日本一。気仙沼では、一般的な
「延縄(はえなわ)漁」のほかに、突き手と舵取りの2人で行う「突きん棒
漁」も行われており、「気仙沼メカジキ」としてブランド化を進めています。

メカジキは「カジキマグロ」として切り身で売られていることがありますが、
メカジキとマグロは全く別の魚で「カジキマグロ」という魚はいません。

本書ではタプナードソースとトマトをたっぷりと使い、プロヴァンス風に
仕上げました。

Espadon poêlé à la Provençale
sauce tapenade

プロヴァンス風メカジキポワレ
タプナードソース

メカジキとよく合うトマトをたっぷりと使い、塩味のあるタプナードソースを合わせてプロヴァンス風に仕上げました。プロヴァンス地方発祥のソースは、簡単に作ることができ、鶏肉や野菜にも合う万能ソースです。

材料（1人分／調理時間：約15分）

メカジキの切り身　2切れ	トマト　1個
白ワイン　大さじ1	トマトソース（市販）　大さじ3
オリーブオイル　大さじ1	
塩　少々	〈飾り用〉
こしょう　適量	バジル　適量

作り方

① トマトは小さめに切り、メカジキには塩、こしょうを振ります。

② フライパンにオリーブオイルを熱し、メカジキに焼き目を付けます。

③ 焼き目がついたら裏返し、白ワインを入れ、蓋をして約5分蒸し焼きにします。

④ 器にトマトソースを敷き、メカジキを盛り付けます。
カットトマト、【タプナードソース】を乗せ、バジルを散らして完成です。

【タプナードソースの作り方】

材料（4人分／調理時間：約10分）

ブラックオリーブ　60g（小20個）
アンチョビ　20g（2枚）
ケイパー　小さじ1（小14個）
オリーブオイル　70ml
にんにく　1片
バジル　2g（4枚）

作り方

1 にんにくを粗めのみじん切りにします。

2 オリーブオイル以外をミキサーにかけます。

3 全体的に細かくなったら、②にオリーブオイルを3回に分けて入れて回し、全体的になじませます。
　　ミキサーがない場合、みじん切りにした材料とオリーブオイルと混ぜ合わせてもOK。

えびとマッシュルームのアヒージョ

大きめにカットした素材で存在感を出したアヒージョ。お好みの魚介類や野菜で手軽に作れます。おいしさの決め手はオリーブオイル。スキレットで熱々のままテーブルに出せば、ビストロ気分が味わえます。

材料（2人分／調理時間：約20分）

〈A〉
にんにく　1片
赤唐辛子　1本
オリーブオイル　大さじ4
塩　小さじ1/3

〈飾り用〉
こしょう　適量
パセリのみじん切り　適量

〈B〉
えび　14尾
ブラックオリーブ　6個
マッシュルーム　4個

作り方

❶ オーブンを180℃に予熱します。

❷ 耐熱皿にAを入れ、180℃のオーブンで約10分加熱します。

❸ マッシュルームは半分に切ります。

❹ ②にBを加えてさらに10分加熱します。

❺ こしょうを振り掛け、パセリを散らします。

ポーチドサーモン
北欧マヨネーズ添え
レシピはP44〜をご覧ください。

Saumon poché

et sa mayonnaise scandinave

「鮭」と「サーモン」の違いとは
サーモン

「鮭」の分布海域は大きく北太平洋と北大西洋に分かれています。北太平洋で獲れる鮭の代表的なものはおなじみの「鮭（白鮭）」で、国産の鮭・鱒類の9割以上を占めています。「鮭（白鮭）」は獲れる時期や年齢で呼び名が変わり、秋に獲れるものは「秋鮭」、初夏に水揚げされるものは「時鮭」、未成熟の鮭は「鮭児（けいじ）」と呼ばれます。

一方、「サーモン」は北大西洋で暮らす「大西洋鮭」のことで、別名「アトランティックサーモン」とも呼ばれます。ヨーロッパで「サーモン」といえばこの「大西洋鮭」のこと。天然物は少なくほとんどが養殖で、生でも食べられるため寿司ネタとしても人気です。「ノルウェーサーモン」とは、養殖の「大西洋鮭」のブランド名のようなもので鮭の種類の名前ではありません。

Saumon poché
et sa mayonnaise scandinave

ポーチドサーモン
北欧マヨネーズ添え

サーモンといえば切り身のグリルや、ソテーなどのメニューが思い浮かびますが、今回ご紹介するのはゆでたサーモン料理。ハーブでサーモンの臭みを抑え、しっとりした食感に仕上がります。ディルを入れたマヨネーズソースでどうぞ。

材料（1人分／調理時間：約20分）

生鮭の切り身（皮付き）　200g
塩　鍋に入れる水に対して10%

〈A〉
ディル（みじん切り）　大さじ2
レモンスライス　1枚
ブーケガルニ（市販）　1袋

〈飾り用〉
レモンスライス　適量
ディル　適量

作り方

❶ 大きな鍋にたっぷりの水を入れて沸騰させ、塩を入れます。

❷ 塩が完全に溶けたら、Aを入れ、さらに沸騰させます。

❸ ②に生鮭を入れ、火が通るまで加熱します。

❹ 完全に火が通ったら取り出し、皮を引きます。

❺ 器に【北欧マヨネーズ】を敷き④を乗せ、レモンとディルを添えます。

【北欧マヨネーズの作り方】

材料（2人分／調理時間：約10分）

卵黄　3個分
サラダ油　300ml
エストラゴンの酢漬けの酢　大さじ3
レモン汁　小さじ2
エストラゴン（酢漬けの葉）　3〜5枚
ディル　適量
塩　小さじ1
こしょう　適量

作り方

1　エストラゴンとディルをみじん切りにします。

2　ボウルに卵黄を入れ、ミキサーで攪拌します。

3　もったりとしてクリーミーになったら、サラダ油と酢を
　　6回に分けて少しずつ入れ、分離しないように攪拌します。

4　③に①とレモン汁、塩、こしょうを入れて混ぜ合わせます。

Brochettes de dorade aux herbes
avec légumes de saison

鯛の香草串焼き 季節の野菜と

カルパッチョにしたり、フライやアクアパッツァにしたり、どんな食べ方でもおいしいのが鯛。マリネ液に漬け込んでから焼く、ハーブの香り漂う串焼きは、ディナーにも人が集まる時にもおすすめ。テーブルを盛り上げる一品です。

材料（2串分／調理時間：約15分 ※漬け込み時間は除く）

鯛　300g

〈A〉
オリーブオイル　大さじ4
オレガノ　適量
タイム　適量
ローズマリー　適量
塩　小さじ1
こしょう　適量

〈飾り用〉
季節の野菜　お好みで
タイムなどのハーブ　適量

作り方

❶ Aをすべて混ぜ合わせ、マリネ液を作ります。

❷ 鯛を①に約2時間、漬け込みます。

❸ ②を約4cm四方の大きさに切って串に刺し、
両面をグリルで約10分焼きます。季節の野菜も一緒にグリルします。

❹ 器に盛り付け、ハーブを散らします。

Acquapazza à la sériole et aux coques

Acquapazza à la sériole
et aux coques

ぶりとあさりのアクアパッツア

ぶりを洋風でいただく一皿。オリーブオイルとにんにくの香りが引き立つ、ふっくらとしたぶりは想像以上のおいしさに。旨みをたっぷり吸い込んだ野菜も一段と味わい深く、バゲットと一緒にスープも残らずいただきます。

材料（2人分／調理時間：約20分）

ぶりの切り身　3切れ（約270ｇ）
あさり　8個
玉ねぎ　1/2個
エリンギ　50ｇ
ミニトマト　8個
にんにく　2片
オリーブオイル　大さじ4
白ワイン　大さじ4
水　大さじ4
塩　ひとつまみ
こしょう　適量

〈飾り用〉
パセリのみじん切り　適量

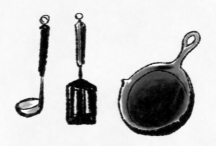

作り方

① ぶり、玉ねぎ、エリンギは食べやすい大きさに切り、
にんにくはみじん切りにします。

② ぶりに軽く塩（分量外）を振って10分置き、
キッチンペーパーで水気をおさえます。

③ フライパンにオリーブオイルとにんにくを入れて加熱し、
香りが出たら、ぶりを焼き目が付くまで焼きます。

④ ③にあさり、玉ねぎ、エリンギ、ミニトマト、白ワイン、水を入れて蓋をし、
約4分蒸し焼きにします。最後に塩、こしょうで味を調えます。

⑤ 器に盛り付け、パセリを散らします。

おいしい おはなし

熱の魔術師
鋳物鍋の魅力

鍋やフライパンは、単に料理を作る道具ではなく食材との接点。今回、試作を繰り返すなかで、使う道具次第で仕上がりの味が変わることを実感しました。その中でおすすめは、鋳物鍋です。

鋳物とは、高温で溶かした鉄などの金属を、高温に耐えられるよう砂で作った型（鋳型）に流し込んで冷やし固めた製品のことで、日本の鋳物でよく知られているのは岩手県の伝統工芸品、南部鉄器です。

鉄で作られた鋳物鍋は熱伝導が良く、厚みがあるため多くの熱を蓄えることができ、その熱がじっくりとまんべんなく食材に伝わります。温度のムラを最小限に抑え、安定した温度で調理ができるため、味がまろやかになり、野菜の甘みや素材の旨みが増しておいしくなります。本書の「ベイクドラタトゥイユ」で使用したスキレットも鋳物です。野菜の甘さは格別です。

保温性も高く冷めにくいので、余熱調理ができ肉料理にも適しています。また、煮くずれがしにくいので煮込み料理や、冷めるときに食材が旨みを吸収する煮物料理にも重宝します。

蓋の形状や加工により、素材の水分（蒸気）が鍋の中で対流し食材を包み込むので、素材の旨みが生きた深い味わいになります。

本書の「塩豚とりんごの蒸し焼き」はりんごと野菜の水分だけで調理し、味付けは豚の塩味だけですが食材の旨みが凝縮したおいしさに仕上がりました。

鋳物鍋は、大切に扱えば長く使えます。キッチンのお気に入りをひとつ見つけてみてはいかがですか。

Chapitre 3

肉料理

イタリア風ミートボール

塩豚とりんごの蒸し焼き

鶏もも肉のオーブン焼き

ラムチョップのオレンジロースト

クリスマスハム

Grosses boulettes de viande à l'italienne

イタリア風ミートボール

テーブルに出すと歓声が上がりそうな大きなミートボール。イタリアンパセリを加えたタネを焼き、トマトソースでじっくり煮込んで旨みを閉じ込めました。作り置きもOK。温め直すとコクが出ておいしくなります。

材料（2人分／調理時間：約30分）

〈A〉
合いびき肉　300g
卵　1個
レーズン　10粒
パン粉　大さじ4
パルメザンチーズ　大さじ1
イタリアンパセリ（みじん切り）　2枝分
にんにくのすりおろし　少々
塩　少々
こしょう　適量

トマトソース（市販）　1カップ

〈飾り用〉
パルメザンチーズ　適量

作り方

① ボウルにAを入れ、よく練り混ぜます。

② ①のタネがまとまったら、2等分にして丸めます。

③ フライパンにオリーブオイルを熱し、②を入れて転がしながら焼きます。全体に焼き色が付いたら取り出します。

④ 深めのフライパンか鍋にトマトソースを入れて温め、③を加えて弱火で約20分煮込みます。

⑤ 器に盛りつけ、パルメザンチーズを振り掛けます。

Petit salé aux pommes à l'etuvée

塩豚とりんごの蒸し焼き

肉を蒸し焼きにすると旨みがギュッと凝縮され、独特のむちむち感が生まれます。
塩豚のほんのりとした塩気とりんごの酸味、野菜の旨みが溶け合い驚くほどのお
いしさ。とろけそうなにんにくをつぶしながら一緒に食べると格別の味わいです。

材料 (4人分／調理時間：約80分／ココットオーバル17×12×高さ7cm)

豚肩ロース塊　400g
オリーブオイル　大さじ1
塩・砂糖　各5g (肉の重量の1.2%)

〈A〉
玉ねぎ　1/2個
じゃがいも　小5個
皮つきにんにく　4片
りんご (紅玉)　1個
ローズマリー　1枝
タイム　1枝

作り方

1. 豚肉に塩、砂糖を振ってラップで包み、
保存袋に入れて冷蔵庫で2〜3日置きます。(一晩でもOK)

2. オーブンは180℃に予熱します。

3. じゃがいもはよく洗います。玉ねぎは4等分のくし切り、
りんごは6等分のくし切りにします。①はさっと洗います。

4. ココットにオリーブオイルを熱し、③の豚肉の表面に焼き色を付けます。

5. 焼き色が付いたら、Aを加えて蓋をします。

6. 180℃のオーブンで約45分加熱し、
取り出さずにさらに余熱で約30分、鍋が冷めるまで待ちます。

7. 豚肉を取り出し、カットします。
一緒にローストした皮付きにんにくをつけていただきます。

Cuisses de poulet rôties au four
avec ses légumes

鶏もも肉のオーブン焼き

しょうゆとみりんに漬け込んだ鶏肉をオーブンで焼くというシンプルなレシピですが、ボリュームが目を引く一品。鶏肉の照りツヤ感が食欲をそそります。野菜を一緒にグリルして、カラフルなアクセントをつけましょう。

材料（2人分／調理時間：約40分） ※漬け込み時間は除く

骨付き鶏もも肉　2本	赤・黄ミニトマト　各5個
	アーティチョーク　3つ
〈A〉	ズッキーニ　1/2本
しょうゆ　大さじ1	オリーブオイル　大さじ1
酒　大さじ1	塩　少々
みりん　大さじ1	こしょう　適量
しょうが　1片	ローズマリー　適量

作り方

❶ オーブンを200℃に予熱します。

❷ しょうがはすりおろし、保存袋にAと鶏肉を入れ半日以上漬け込みます。

❸ アーティチョークは半分に、ズッキーニは輪切りにします。

❹ ボウルで③とミニトマトを、オリーブオイル、塩、こしょうで軽くからめます。

❺ 耐熱皿に②と④を並べローズマリーを乗せ、
　200℃のオーブンで約30分加熱します。

Côtelettes d'agneau
et tranches d'orange rôties au four

ラムチョップのオレンジロースト

ラムを柑橘系フルーツと合わせると、さっぱりとした口当たりの中にラムの旨み
が広がります。スパイスのクミンはラム肉と相性抜群。ラム肉の香ばしい焼き色
とオレンジの色のコントラストが食欲を刺激する色鮮やかな一皿です。

材料（2人分／調理時間：約45分）

ラムチョップ　6本	オレンジ　1個
	芽キャベツ　6個
〈A〉	にんにく　1片
オレンジジュース　100ml	オリーブオイル　大さじ1
はちみつ　大さじ2	
クミン（ホール）　小さじ2	〈飾り用〉
塩　小さじ1	クレソン　適量
こしょう　適量	

作り方

1. Aとラムチョップを保存袋に入れ、約15分漬け込みます。
2. オーブンは200℃に予熱します。
3. オレンジ、にんにくをスライスします。
4. 漬け込んだラムチョップを取り出し、ボウルでオリーブオイルをからめます。
5. 耐熱皿に、オレンジ、にんにく、ラムチョップを交互に重ね入れます。
6. すき間に芽キャベツを乗せ、クミンを軽く振り掛けて、
   200℃のオーブンで約30分加熱します。
7. 器に盛り付け、クレソンを添えます。

Jambon de Noël

Jambon de Noël

クリスマスハム

日本ではチキンやローストビーフが人気ですが、北欧では豚のハムに卵黄、マスタード、パン粉を混ぜたものを塗って焼いたユールシンケがメインです。リンゴンベリージャムがない場合はクランベリーやブルーベリーのジャムを添えて。

材料（4人分／調理時間：約30分）

ロースハム（ボンレスハム）の塊　800g
クローブ　10粒

〈A〉
卵黄　1個
パン粉　15g（大さじ2はまぶす用に分けておきます）
フレンチマスタード　大さじ3
砂糖　大さじ2
タラゴン（ホール）　小さじ1/2

〈飾り用〉
リンゴンベリージャム　適量
フレンチマスタード　適量

作り方

1. オーブンを200℃に予熱します。
2. ロースハムにまんべんなくクローブを刺し、常温程度まで電子レンジで温めます。
3. ボウルでAを混ぜ合わせ、②の表面に塗ります。
4. 表面にパン粉（大さじ2）をまぶし、200℃のオーブンで表面がカリッとするまで約20分加熱します。
5. 器に盛り付け、リンゴンベリージャム、フレンチマスタードを添えます。

おいしい おはなし

豚肉がメインディッシュ
北欧のクリスマス料理

北欧ではクリスマスのメインディッシュは豚肉です。中世まで豚は貴重な肉食源であるとともに豊穣のシンボルとされ、祭事には豚や猪が捧げられていました。冬が長い北欧では、冬至を境に太陽が再び力を取り戻すとされ、冬至祭（ユール）が行われていました。その後、冬至祭がクリスマスにとって代わられるようになっても、豚はクリスマスのメイン料理として残りました。クリスマスハムが「ユールシンケ」と呼ばれているのはその名残です。スウェーデンとフィンランドでは、本書でご紹介するように卵やパン粉、マスタードを表面に塗って焼くハムが多く、デンマークやノルウェーではローストポークが中心で、焼き方もバリエーションがあります。そして、添えるのはリンゴンベリー（こけもも）のジャム。フィンランドでは、秋に「ベリー摘み世界選手権」が行われるほどベリー摘みが盛んで、中でもリンゴンベリーはレッドゴールドと呼ばれ人気があります。肉料理は秋に摘んだリンゴンベリーのジャムと一緒に楽しみます。

そして北欧のクリスマスに欠かせないのがサンタクロースの好物とされているジンジャークッキーとデザートのミルク粥。ミルク粥はお米が貴重だった昔、北欧の家々の納屋に住みついているといわれる赤い帽子を被った妖精ニッセのためにお供えしたデザートがクリスマスの伝統料理になったもの。国により特徴がありますが北欧ではクリスマスケーキではなく、この甘いお粥を食べるのが習わしです。

参考文献：サンタクロース公式ブック〜クリスマスの正しい過ごし方〜（小学館）パラダイス山元（著／監修）、クリスマスの文化史（白水社）若林ひとみ（著）

野菜の色は元気の色
フィトケミカル

私たちが毎日必要とする栄養素は、たんぱく質、脂質、炭水化物、ビタミン、ミネラル、食物繊維の6大栄養素ですが、いま、第7の栄養素といわれ注目されているのが、「フィトケミカル」です。「フィトケミカル」は、フィト（植物の）＋ケミカル（化学物質）＝フィトケミカル（植物性化学物質）と呼ばれ、野菜や果物が自分自身を紫外線などの活性酸素から身を守るための成分で、強い抗酸化作用があります。

「フィトケミカル」は野菜や果物の色や辛味、苦味成分に含まれ、その数は約1万種類もあるといわれ、現在さまざまな研究が進められています。

代表的なものとしては、赤系では、ビタミンEの100倍、カロテンの2倍以上の抗酸化力をもつといわれトマトに多く含まれるリコペン、パプリカに含まれているカプサンチン。橙系では、かぼちゃや人参に含まれ、体内でビタミンAに変換されるプロビタミンA。白系では、キャベツ、大根などアブラナ科の野菜に多く含まれているイソチオシアネート、にんにくや玉ねぎに含まれるツンとした成分の硫化アリル。紫系では、なす、赤じそ、ベリー類等に含まれているアントシアニン。そしてごぼうなど野菜の切り口を変色させる黒系の成分、クロロゲン酸も「フィトケミカル」の一種です。「フィトケミカル」は熱に強く、トマトのリコペンのように加熱するとさらにパワーがアップするものもあります。「フィトケミカル」は、人生100年時代を元気に生き生きと過ごすために必要な栄養素です。野菜や果物のパワーを毎日積極的に取り入れてください。

Chapitre 4

野菜料理

えびと野菜のカラフルタルト

きのこクリームポットパイ

ギリシャ風ムサカ

ベイクドラタトゥイユ

えびと野菜のカラフルタルト

欧米ではポピュラーな食事用の甘くないタルトです。砂糖を使わずにかぼちゃ
の自然な甘さを生かしたフィリングにカラフルな緑黄色野菜を乗せたプチタル
トは、華やかで、お酒にもよく合うのでパーティにおすすめです。

材料（4人分／調理時間：約35分）

タルト（市販）直径約7cm　4個

【フィリング】
かぼちゃ　1/4個
ツナ（小）　1缶
塩　少々
こしょう　適量

グリーンアスパラガス　4本
蒸しえび　4尾
黄パプリカ　1/2個
赤パプリカ　1/2個

作り方

① 【フィリング】を作ります。
かぼちゃは皮をむきひと口大に切り、耐熱容器に入れラップをし、
電子レンジで加熱後つぶします。

② ツナ缶はオイルを切り①と混ぜ合わせ、塩、こしょうで味を調えます。

③ アスパラガスは根元の皮をむき、5～6cmの長さに切り
軽く湯通しします。パプリカはひと口大に切っておきます。

④ オーブンは180℃に予熱します。

⑤ タルトに②を詰め、その上に③と蒸しえびを乗せます。
オーブンシートを敷いた天板に乗せ、180℃のオーブンで
約15～20分加熱します。

Vol-au-vent de champignons servi en tasse

きのこクリームポットパイ

きのこの旨みたっぷりのクリームスープにパイ生地を重ねて焼いたポットパイ。
大きく膨らんだサクサクのパイをくずしてカップに落とすとさらに濃厚な味わい
が楽しめます。カラフルなマグを使い、かわいらしさも演出しました。

材料（4カップ分／調理時間：約50分／カップ直径8cm）

冷凍パイシート10cm角　4枚　　　塩　少々
鶏もも肉　1枚　　　　　　　　こしょう　適量
エリンギ　1本　　　　　　　　サラダ油　適量
しめじ　1/2株　　　　　　　　卵黄　1個分
玉ねぎ　1/4個
ホワイトソース（市販）　150g
牛乳　150ml

作り方

① オーブンを230℃に予熱します。
パイシートは常温に戻し、カップに合うようにのばします。

② 鶏もも肉はひと口大に切り、塩、こしょうを振ります。
エリンギは食べやすい大きさに切り、しめじは小房に分けます。
玉ねぎは薄切りにします。

③ 熱したフライパンにサラダ油をひき、鶏もも肉を焼きます。
エリンギ、しめじ、玉ねぎも加えて炒めます。

④ ホワイトソースと牛乳を加え、弱火で約15分煮たら、
塩、こしょうで味を調えます。

⑤ ④を耐熱カップに入れ、縁に卵黄を塗り、パイシートをかぶせます。

⑥ 表面に卵黄を塗り、230℃のオーブンで約15分、
さらに180℃で約10分加熱します。

ギリシャ風ムサカ

ギリシャ料理の代名詞ともなっているムサカ。ラザニアと違いパスタは使いません。焼きたては熱々でおいしいのですが、柔らかくて切りにくいので、少し冷ましてからカットすることをおすすめします。

材料（4人分／調理時間：約30分／耐熱容器20cm角）

じゃがいも　3個
なす　4本
ミートソース（市販）　2缶（約600g）
ホワイトソース（市販）　1缶（約300g）
オリーブオイル　大さじ1
塩　少々
粉チーズ　70g

作り方

❶ じゃがいもはひと口大に切り、耐熱容器に入れラップをし、
　電子レンジで加熱後つぶします。

❷ なすは5mm幅の薄切りにし、オリーブオイルをひいたフライパンで
　軽く火を通します。

❸ 耐熱容器の一番下に①、ミートソースと②を2回重ね、
　ホワイトソースを最後に乗せ、粉チーズで覆います。

❹ グリルで約15分、焼き色を付けます。

Ratatouille servie au poêlon

Ratatouille servie au poêlon

ベイクドラタトゥイユ

野菜のスライスを縦にぎっしりと詰めた、ひと味違うラタトゥイユ。素材の旨みを
より引き出すために、鋳物で調理しました。取り分けた時の見た目の良さも魅
力です。野菜同士の味が交差し、シンプルなレシピでも深い味わいです。

材料（2人分／調理時間：約30分／スキレット直径15cm）

トマト缶（カット）　2缶	ピンクペッパー　適量
なす　2本	塩　少々
ズッキーニ　2本	こしょう　適量
カラーピーマン（黄・赤）各2個	
タイム　大さじ2	

作り方

❶ オーブンを190℃に予熱します。

❷ なす、ズッキーニ、カラーピーマンを約2mm幅にスライスします。

❸ スキレットにトマト缶を入れ、ピンクペッパー、塩、こしょう、
タイム（大さじ1）を加えて混ぜます。

❹ ②を交互に重ね、縦にすき間が空かないように敷き詰めます。

❺ 塩、ピンクペッパー、タイム（大さじ1）を振り掛け、
190℃のオーブンで約10分加熱し、
焼き色が付いたらアルミ箔をかけてさらに約15分加熱します。

お好みで刻んだパセリ、パルメザンチーズを振り掛けても。

おいしい おはなし

香り・味わい・質感を合わせる

ワインと料理のペアリング

料理に合わせてワインを選ぶ際、テーブルの一皿と相性の良いワインは何か?と悩むことはありませんか。香り、味わい、質感の3つのポイントを合わせれば、料理とワイン、それぞれ単体で味わうよりも、お互いを引き立て合ってよりおいしくなるでしょう。

レモンや柑橘系の味わいが特徴の料理には、酸味のある辛口白ワインがおすすめ。料理の爽やかな香りとさっぱり辛口白ワインで酸味の相乗効果が楽しめます。

バターを使った魚介のソテーやクリームを使ったグラタンなど、クリーミーな料理には濃厚な白ワインを。料理とワインのとろみのある質感がハーモニーを奏でます。

ハーブやスパイスを使い香りを生かした淡白な料理には、豊かな酸味の赤ワインを。料理とワインの複雑な芳香と豊かな酸味が調和します。

グリルした牛肉やビーフシチューなど濃厚な味わいの肉料理には、渋みのしっかりした重めの赤ワイン。肉と脂の旨みが、赤ワインと溶け合います。

また、乾杯のシーンに重宝されるシャンパーニュやスパークリングワインは、どんな料理にも合わせやすい万能タイプです。

気を付けたいのは、料理の味わいよりも強い味わいのワインを選ばないこと。料理に合わせてワインを味わう場合、ワインは料理のサポート役です。味わいの強さを意識してペアリングしてみてください。

参考文献:プロ直伝!家飲みワイン おいしさの新法則(世界文化社)リーデル・ジャパン(監修)

ワインのおいしさを最大限に引き出す

ワイングラス

料理に合わせてワインを選んだら、そのワインに合わせてワイングラスにもこだわってみましょう。赤、白、スパークリングワインなど、ワインの香りや味わいは、選ぶグラスによって良くも悪くもなります。実は、ワイングラスは飲むワインの種類に合わせて、そのポテンシャルを最大限に引き出せるよう、最適な形に設計されているのです。グラスをよく見ると口がすぼまり下に向かって膨らみ（ボウル）があります。

グラスの縁同士を
ぶつけては割れてしまいます

こってりまろやかな白ワイン

シャルドネ（樽熟成）タイプ

柔らかな酸味とボリューム感が持ち味のコクのある白ワインには、すぼまりがゆるく広い口と、ボウル部分がバランスよく丸い、大ぶりな形状のグラスを。

〈おすすめの料理〉
クリーミーで濃厚な料理

さっぱり辛口の白ワイン

**ソーヴィニヨン・ブラン、
リースリング、シャルドネタイプ**

清涼感あふれるキレのある酸味が持ち味の爽やかな辛口の白ワインには、口のすぼまりのある、ボウル部分が縦長の中ぶりな形状のグラスを。

〈おすすめの料理〉
爽やかな酸味が特徴の魚料理

注ぐときはグラスを持ち上げないようにしましょう

グラスの最も膨らんでいる位置から1〜2cm下あたりまでワインを注ぐと、グラスの中に香りが閉じ込められ、さらに中の空気とワインが混ざり合うことで、本来の味と香りが引き出されるのです。グラスの形や大きさによってワインの香りのボリュームや印象は大きく変わります。それぞれのワインに合わせた形状のグラスを選んで、食事を楽しんでください。

渋みのしっかりした赤ワイン

カベルネ・ソーヴィニヨン、メルロータイプ

濃厚な果実味を持ち、酸味は穏やかながら、渋みが強い、フルボディの赤ワインには、口のすぼまりのゆるやかな、ボウル部分が縦長の大ぶりな形状のグラスを。

〈おすすめの料理〉
濃厚な肉料理

ワイングラスは足の部分を持ちます

豊かな酸味の赤ワイン

ピノ・ノワール、ネッビオーロタイプ

豊かな酸味、繊細で複雑な香りと味わいのミディアムボディの赤ワインには、口のすぼまりが強く、ボウル部分のお尻がふくらんだ大ぶりな形状のグラスを。

〈おすすめの料理〉
繊細な酸味、香りを生かした料理

シャンパーニュ、スパークリングワイン

ピノ・ノワール、シャルドネ

香り豊かなシャンパーニュ、スパークリングワインには、豊かな香りを再現してくれるボウルに少しふくらみのあるシャンパーニュグラスを。

〈おすすめの料理〉
どんな料理とも相性良し

参考文献：プロ直伝！家飲みワイン おいしさの新法則（世界文化社）リーデル・ジャパン（監修）

おいしい おはなし

グルテンの不思議
小麦粉

小麦粉は、うどん、パン、パスタ、ラーメン、ケーキ、饅頭、お菓子、料理など世界中で様々なものに使われていますが、そのバラエティの豊かさは、小麦粉だけが持つ大きな特徴、グルテンにあります。小麦粉に水を加えてこねると弾力と粘りが出てきますがこれがグルテンです。グルテンは小麦粉に含まれているたんぱく質の量に比例するため、たんぱく質（グルテン）の量と使用目的で小麦粉は大きく4つに分けられます。

「強力粉」「薄力粉」などと表記されますが、この「力（りき）」とはたんぱく質（グルテン）のことを指し、これが強いか弱いかで使用目的も異なります。

たんぱく質の量が多い順に、①弾力のある生地を作ることができ、食パンなど大きめのパン作りに適している「強力粉」、②適度な弾力があり、中華麺・菓子パン・フランスパンなどに適している「準強力粉」、③ソフトで粘弾性がありうどん、冷や麦など日本麺や和菓子に適している「中力粉」、④混ざりやすくきめ細かな仕上がりになり、ケーキ・菓子・揚げ物などに適している「薄力粉」です。パスタ用には、デュラム小麦から作る弾力のあるパスタ用の小麦粉があります。

本書でご紹介するニョッキは、小麦粉などを使い練ったものをゆでたり蒸したりして作る「ダンプリング」という料理のひとつですが、ゆでてもコシと弾力が残るように、強力粉をじゃがいもなどと合わせて使います。

毎日の料理で何気なく使ったり楽しんでいる小麦粉ですが、知れば知るほどその奥深さに感動します。

参考文献：小麦粉の科学（日刊工業新聞社）大楠秀樹（著）

Chapitre 5

パスタ・ライス

パスタなすボート

シチリア風魚介のクスクス

ほうれん草のカレークーリ

三色ニョッキのサラダ仕立て
ガーリックハーブオイル

パスタなすボート

なすをまるごと味わえるレシピです。なすを器にすることで、皿に盛り付けるパスタと比べ、素材全部を目でも楽しむことができるようにしました。ひと手間かけることで、おもてなしの一品にもなります。

材料（2人分／調理時間：約30分）

なす　2本
ショートパスタ　100g
パンチェッタ　50g
にんにく　1片
オリーブオイル　大さじ1
サラダ油（素揚げ用）　適量
塩　少々

【トマトソース】
トマトソース（市販）　150g
〈飾り用〉
パルメザンチーズ　20g
オレガノ　適量
バジル　2枚

【バジルソース】
ジェノベーゼペースト（市販）　60g
〈飾り用〉
生ハム　適量
細かく砕いたナッツ　適量

作り方

❶ なすは半分にカットし、スプーンなどで中身をくりぬき素揚げします。

❷ ショートパスタは、塩を加えた熱湯でゆでます。

❸ くりぬいたなすの中身とパンチェッタ、にんにくをみじん切りにします。

❹ フライパンにオリーブオイルと③を入れ、弱火で炒めます。

❺ ④を2等分し、それぞれのソースを加え加熱し、②をからめます。

❻ ①に⑤を詰めます。トマトソースのパスタは、チーズ、オレガノを
軽く振り掛けてバジルを添えます。バジルソースのパスタは、
生ハムとナッツを乗せます。

シチリア風魚介のクスクス
レシピはP86〜をご覧ください。

Couscous aux fruits de mer
à la sicilienne

おいしいおはなし

世界で一番小さいパスタ
クスクス

私たちが店頭でよく見かける「クスクス」は、パスタ用の小麦粉（デュラム粉）を細かな小麦粉（普通の小麦粉）でコーティングしたもの。その作り方は独特で、水を混ぜたパスタ用の小麦粉（デュラム粉）に細かな小麦粉（普通の小麦粉）をまぶし、両手の手のひらを使い、ビー玉を転がす要領で小さな粒を作ります。その粒をふるいにかけ、大きな粒はさらに練り直して小さな粒にします。でき上がったこの小さな粒が「クスクス」です。「クスクス」の大きさは、大粒で直径0.5〜0.8mm、中粒で0.2〜0.7mm、小粒で0.13〜0.2mm。
モロッコではクスクス料理専用の2段の蒸し器を使い、下の鍋でスープを煮ながらその蒸気でクスクスを蒸しますが、電子レンジでも蒸すことができます。

参考文献:クスクスの謎（平凡社新書）にむらじゅんこ（著）

Couscous aux fruits de mer
à la sicilienne

シチリア風魚介のクスクス

軽いやさしい口当たりで、どんな素材とも相性がよく、使いやすい食材のクスクス。魚介と野菜を贅沢に使い、コリアンダーとイタリアンパセリが香る旨みあふれるブイヨンを、たっぷりとかけていただくクスクスは絶品です。

材料（2人分／調理時間：約60分）

白身魚　1尾（頭はブイヨンで使います）
いか　1/2杯
有頭えび　6尾（頭はブイヨンで使います）
玉ねぎ　1/2個
にんじん　1/2本
かぶ　1個
ブイヨン　400ml
サフラン　ひとつまみ
オリーブオイル　大さじ1

塩　小さじ1
ブラックペッパー　ひとつまみ
蒸したクスクス　400g

〈飾り用〉
イタリアンパセリ　適量

作り方

1. えびは皮をむき、玉ねぎは粗くみじん切りにします。
   白身魚、いか、にんじん、かぶは食べやすい大きさに切ります。

2. 鍋にオリーブオイルを入れ熱し、玉ねぎを炒めます。

3. 玉ねぎがしんなりしたら、【ブイヨン】とサフランを加え沸騰させ、
   にんじん、かぶを加えます。少し煮立ったら白身魚、いか、えびを入れ、
   野菜が柔らかくなるまで煮込みます。

4. 塩、ブラックペッパーで味を調えます。

5. 器にクスクスを盛り、③のスープを少量掛け、具材を乗せます。
   仕上げにスープを回しかけます。イタリアンパセリを飾ります。

【ブイヨンの作り方】

材料

水　800ml

魚の頭　1尾分

えびの頭　6尾分

玉ねぎ　1/2個

トマト　1個

ピーマン　1個

ローリエ　2枚

にんにく　2片

オリーブオイル　大さじ2

コリアンダー　1束

イタリアンパセリ　1パック

作り方

❶ 玉ねぎは半分に切り、トマト、ピーマンは縦1/4に切ります。

❷ にんにくは包丁の背でつぶします。

❸ コリアンダーとイタリアンパセリを糸で束ねます。

❹ 鍋にオリーブオイルをひき、①を強火でしんなりするまで炒めます。

❺ 水を加え、魚の頭、えびの頭、②、③、ローリエを加えて強火にかけ、沸騰したら中火にします。ときどきアクをすくいながら約45分煮込み、最後にザルで濾します。

ほうれん草のカレークーリ
レシピはP90〜をご覧ください。

Coulis de curry aux épinards

最も高価といわれるスパイス
サフラン

色付けや香り付けに使われるサフランはクロッカスの一種で、秋に咲く薄紫の可憐な花の雌しべの部分です。サフランの花は中央に黄色い雄しべと、赤い色の垂れ下がる雌しべがあり、スパイスに使う部分はこの雌しべを抜き取って乾燥させたものです。

雌しべは、1輪の花からたった3本しか採れず、10gのサフランを得るためには1500本の花が必要といわれています。収穫は手摘みで行うため、いつの時代も貴重で高価なスパイスとされ珍重されてきました。糸のような形状の雌しべは濃い赤色〜赤褐色ですが、水に浸すと黄色成分が出てきて水がきれいな黄金色に染まります。

料理に使う時は、炊き込みご飯などの場合は、あらかじめ水に浸して色出しをしてから、スープや煮込み料理などにはそのまま使います。

サフランの栽培は国内でも明治時代から行われてきましたが、現在では大分県の竹田市が主な産地で国内生産量のほとんどを占めています。

Coulis de curry aux épinards

ほうれん草のカレークーリ

野菜をソースに使う一品です。クーリとはピューレ状のソースのこと。スパイスの
フェネグリークが甘く香る深緑のほうれん草カレーと、色鮮やかなサフラン色の
コントラストが目を引く見た目にもそそられる一品に仕上がりました。

材料（2人分／調理時間：約30分 ※炊く時間は除く）

【サフランライス】
米　1合
サフラン　ひとつまみ
ターメリック　小さじ1
オリーブオイル　大さじ1
塩　少々

作り方

1 炊飯器に、研いだ米と分量より少なめの水、サフランを入れ、
約30分浸してサフランの色を出します。

2 ターメリック、オリーブオイル、塩を加え、固めに炊きます。

【ほうれん草のカレー】

ほうれん草　200g	〈A〉
玉ねぎ　100g	カレー粉　大さじ1と1/2
トマト　120g	塩　小さじ1
にんにく　3片	ガラムマサラ　小さじ1/2
しょうが　10g	フェネグリーク　少々
サラダ油　大さじ1	カスメリティ　少々（あれば）

〈飾り用〉
えび　適量
パプリカ　適量
タイム　適量

作り方

❶ ほうれん草は、ひとつまみ（分量外）の塩を入れた熱湯で約1分ゆでます。
よく洗い、氷水に約1分さらした後、絞らずにミキサーにかけます。

❷ トマトは湯むきし、1cm角に切ります。
玉ねぎとしょうが、にんにくはみじん切りにします。

❸ フライパンにサラダ油を入れ、弱火でにんにくとしょうがを
香りが出るまで炒めます。

❹ 玉ねぎを加え、焦げ付かないように約10分じっくり炒めます。

❺ カットしたトマトを加え、水分が飛びペースト状になるまで炒め、
Aを加えます。香りが出てきたら、①に加えて
ミキサーで攪拌します。

❻ ほうれん草カレーを器に平たく盛り、丸く成型した（約150ｇ）の
【サフランライス】を乗せます。火を通したえび、パプリカ、タイムを飾ります。

調理ステップでの使い分けがポイント

ハーブ & スパイス

「ハーブ（herb）」という言葉は、ラテン語で"草"を意味する「ヘルバ（herba）」からきています。医学では、葉・根・種・実・樹脂・樹皮のすべてがハーブとみなされますが、料理の世界では葉の部分のみをハーブ、他の部位をスパイスと区分しています。ヨーロッパでのハーブの歴史は古く、料理用ハーブはサラダ用と香味用に分けて使われていました。

スパイスとは一般的に、熱帯植物の根・樹皮・花・種子・つぼみなどの芳香のある部分のことで、ほとんどはアジアが原産地です。英語のspiceはラテン語のspecies（特別な種類）に由来しており、「非常に希少かつ高値で取引される特別な品物」という意味を持っています。スパイスの取引は原産地から、ヨーロッパにたどり着くまでに何人もの商人の手を渡り、その度に値段は上がり、大変高価なものでした。そのため、貴重なスパイスと多くの富を得ようと、国家間で激しい競争、争奪戦があったほどです。

ハーブとスパイスは、風味と芳香を与える成分の濃度が違います。スパイスは濃厚なので風味を引き出すために加熱時など調理の最初の段階から使われることが多く、ハーブは香り付けのために加熱の最後や、器に盛ったあと上に乗せたりします。またドライハーブはフレッシュハーブよりも成分量は減少します。料理で使うときは、目的や使うスパイスやハーブにより、使うタイミングを覚えておくと便利です。

ハーブ サボリー（葉） ※グリーンピースとカッテージチーズのディップ（p28-p29）で使用

古代ローマ時代に書かれた大プリニウスの「博物誌」には、玉ねぎの種子を
まくときはサボリーを混ぜると「玉ねぎの生育が良くなる」と記載があり、ま
たシェイクスピアの作品「冬物語」にも登場するヨーロッパではポピュラーな
ハーブです。"豆のハーブ"といわれ、いんげん豆、えんどう豆など豆料理によ
く使われます。タイムに似た清涼感のある香りが特徴で、トマトやオリーブオ
イルとも合うので豆のトマト煮込みやスープに加えるとアクセントになりま
す。相性の良いスパイス＆ハーブはタラゴンやタイム、ローレルなどで肉のグ
リル、魚の下味、ソーセージ、卵料理などにもよく合います。

スパイス フェネグリーク（種子） ※ほうれん草のカレークーリ（p89-p91）で使用

「ギリシャの馬草」という意味のラテン語が語源で、古代ギリシャでは家畜の
干し草の味をよくするためにフェネグリークを加えていたそうです。スパイス
として用いられるのは種子で、セロリのような強い香りと強い苦みがありま
す。種子を炒るとメープルのような甘い独自の香りになります。白身魚や豆、
野菜のカレーのスタータースパイスとして使うと、マイルドな甘い香りとコク
が加わり、口当たりがよくなります。野菜炒めなどにクミンやターメリックと一
緒に調理するとエスニックな味に仕上がります。

参考文献：ハーブの歴史（原書房／「食」の図書館シリーズ）ゲイリー・アレン（著）竹田円（翻
訳）、スパイスの歴史（原書房／「食」の図書館シリーズ）フレッド・ツァラ（著）竹田円（翻訳）

*Gnocchis tricolores en salade et mesclun
d'herbes à l'huile d'olive à l'ail*

Gnocchis tricolores en salade et mesclun d'herbes à l'huile d'olive à l'ail

三色ニョッキのサラダ仕立て ガーリックハーブオイル

皿の中で踊るようなベビーリーフとルッコラからちらりと覗く三色のニョッキがかわいい、目にも楽しいサラダ。ニョッキにはガーリックハーブオイルをからめ、ひときわ真っ白なリコッタチーズはさっぱりとしたまろやかさを加えます。

材料（2人分／調理時間：約30分）

マッシュルーム　1パック
リコッタチーズ　200g
ベビーリーフ　1袋
ロマネスコ　1/2株
ルッコラ　適量
ガーリックチップス　適量
パセリのみじん切り　適量
オリーブオイル　大さじ1

【ガーリックハーブオイル】
オリーブオイル　大さじ3
鷹の爪　1本
にんにく　1片
〈A〉
ローズマリー　適量
タイム　適量
セージ　適量

【ビーツ、かぼちゃ、バジルのニョッキ】
〈赤色〉
ビーツ（ペースト）　100g
強力粉　120g

〈黄色〉
かぼちゃ（ペースト）　100g
強力粉　20g
塩　少々
オリーブオイル　小さじ1/5

〈緑色〉
バジルペースト（市販）　20g
じゃがいも（ペースト）　80g
強力粉　20g

作り方

❶ マッシュルームは薄切りにし、オリーブオイルでソテーします。
ロマネスコは、塩を入れた熱湯でゆでます。

❷ 【ガーリックハーブオイル】を作ります。
フライパンにオリーブオイルとにんにくのみじん切り、
鷹の爪を入れて加熱し、香りが出たら、Aを入れます。

❸ 【ニョッキ】を作ります。
ビーツ、かぼちゃ、じゃがいもは、火を通してペースト状にします。
それぞれ材料を混ぜ合わせてこね、一つの大きさを
ひと口大を目安に成型し、フォークで模様をつけます。
塩（分量外）を入れた熱湯で、浮き上がるまでゆでます。

❹ 器にニョッキ、ベビーリーフ、ルッコラ、①を乗せ、②を掛けます。
リコッタチーズを盛り付け、パセリ、ガーリックチップスを振り掛けます。

乳清から作るフレッシュチーズ

リコッタチーズ

チーズは、微生物が生きているナチュラルチーズと加熱処理をしたプロセスチーズの2種類に大きく分かれます。さらにナチュラルチーズは、7つのグループに分かれ、世界に1000を超える種類があります。その中で、熟成させないグループをフレッシュタイプといい、このタイプには、モッツアレラやカッテージチーズ、クリームチーズなどが含まれます。数日で作り上げるために、ミルクの新鮮さと質が味に出ます。ほのかな酸味で、水分が多くやわらかい口当たりです。

リコッタチーズもこのフレッシュタイプのチーズで、南イタリアでよく食べられています。「リコッタ」とは「再び煮る」という語源からきており、他のナチュラルチーズと作り方が異なるのが特徴です。ナチュラルチーズはまず、温めた牛乳に乳酸菌とレンネット（凝乳酵素）を加え、凝固したたんぱく質（カード）と乳清（ホエイ）に分離させます。通常のナチュラルチーズはこの凝固したたんぱく質（カード）を発酵・熟成させて作りますが、リコッタチーズは乳清（ホエイ）を使います。乳清をそのまま、または新しいミルクを加えて再び加熱し、浮き上がってきたたんぱく質をすくいとって集めたものがリコッタチーズです。低カロリー、低脂肪で、塩気はなく、口の中でふわりと甘いミルクの味が広がります。乳清が原料なので、「乳清チーズ」ともいわれています。

日本で手に入るリコッタチーズのほとんどの主原料は牛乳製ですが、リコッタ発祥のイタリアでは、本来のリコッタチーズの原料である羊乳製や山羊乳製のもの、塩を加えて作られるもの、スモークされたもの、ハーブに包まれたものなどバリエーションが豊富です。

　リコッタチーズは、オリーブオイルや塩との相性も良いのでサラダやピザの
トッピングは定番ですが、そのままはちみつやジャムを添えてデザートに、ま
たティータイムにベリー系のフルーツと一緒にパンケーキに添えていただく
のもおすすめです。

参考文献：世界のチーズ図鑑（（株）マイナビ）NPO法人 チーズプロフェッショナル協会（監修）

ちなみに、その他のナチュラルチーズのグループとしては、①カマンベールなど表面に白カビ
を吹き付けて熟成させた「白カビタイプ」、②エポワスなど塩水や地酒で表面を洗いながら熟
成させる「ウォッシュタイプ」、③ヴァランセなど山羊乳、羊乳が原料の「シェーヴル・ブルビタイ
プ」、④ゴルゴンゾーラなど内側に青カビを繁殖させて熟成させた「青カビタイプ」、⑤ゴーダ
などの「セミハードタイプ」、⑥パルミジャーノ・レッジャーノなどの「ハードタイプ」があります。

お料理の華やかな脇役

エディブルフラワー（食用花）

エディブルフラワーは、食べることができる花「食用花」のこと。ヨーロッパでは花を食べる習慣が古くからあり、食用花の歴史の中で記録に残っている最も古い食用花はクロッカス属のサフランで、旧約聖書にもその記載があるそうです。古代ローマや古代ギリシアでは、花は食材としてだけでなく薬草としても使われており、ナスタチウム、フェンネル、カレンデュラ、カーネーションなども食べられていました。

中世になると、貴族や富裕層を中心に花はその色や香り、風味や美しさで料理に多く使われ、仕上げにはバラやオレンジ、ジャスミンの花などを蒸留したフラワーウォーターが使われていたそうです。

ヴィクトリア女王が統治した時代（1837～1901年）になると、花の人気はさらに高まり、料理だけでなく、コンフィ、ジェリー、花酢、お茶、お菓子などさまざまなものに使われました。なかでも日持ちする甘い砂糖漬けが人気だったそうです。

その後、花が食卓を華やかに彩る習慣は姿を消していきましたが、1960年代に始まったヌーベルキュイジーヌの流れをくむシェフたちにより花に再び関心が高まります。最近ではミシュランの三つ星シェフが料理に使うなど注目されており、食用花は栄養価も高いことがわかっています。

※食卓で使う場合は必ず「食用花」として販売されているものをお選びください。観賞用の花には農薬が使われているものがあります。また花には食べられない有害なものもあります。

参考文献：食用花の歴史（原書房／「食」の図書館シリーズ）コンスタンス・L・カーカー／メアリー・ニューマン（著）佐々木紀子（翻訳）

Chapitre 6

Desserts

デザート

マスカットの白ワインマリネ &
パイナップルのラム酒漬け

そのまま食べてもおいしいフルーツですが、白ワインやラム酒に漬けると、より深い味わいに。大人だけが楽しめる贅沢デザートです。ソーダを注げばカクテルになります。オレンジやベリー類もおためしください。

※アルコールを使っています。苦手な方やお子様にはおすすめしておりません。

材料（2人分／調理時間：約10分 ※冷やす時間は除く）

【マスカットの白ワインマリネ】

マスカット　10粒

白ワイン　120ml

砂糖　小さじ1/2〜2

ミントの葉　適量

作り方

1 マスカットは皮をむきます。

2 小鍋に白ワインと砂糖を入れて弱火にかけ、約30秒沸騰させてアルコールを飛ばしたら、火からおろし粗熱を取ります。

3 ボウルで②にマスカットを浸し、冷蔵庫で約1時間冷やします。

4 器に盛り付け、食べる直前にお好みで白ワイン（分量外）を適量加え、ミントの葉を飾ります。

【パイナップルのラム酒漬け】

パイナップル　1/4個

ラム酒　大さじ1

はちみつ　大さじ1

ミントの葉　適量

作り方

1 パイナップルは皮と芯を切り落とし、1cm角に切ります。

2 ボウルでラム酒、はちみつを混ぜ合わせ、①を加えてよくからめます。

3 冷蔵庫でよく冷やし、器に盛り付け、ミントの葉を飾ります。

Éclats de yogourt glacé aux fruits

フルーツヨーグルトバーク

アレンジしやすいデザート。今回はラズベリーとブルーベリーを使いました。冷凍庫から出して少し置くと、手で割れるようになります。無造作に重ねるだけで絵になります。

材料 (2人分／調理時間：約10分 ※水切り、固める時間は除く)

ヨーグルト　1パック (400〜450g)
練乳　大さじ2
フルーツ　適量
ピスタチオ　適量

作り方

❶ ヨーグルトは、一晩水切りをしておきます。

❷ ①に練乳を加えてよく混ぜます。

❸ ②を容器に薄く広げ空気を抜き、
フルーツを乗せて冷凍庫で固めます。

❹ 固まったら割るようにカットして器に盛り、
ピスタチオを散らします。

レモンとカモミールの ブランマンジェ

爽やかなレモンの香りと酸味でさっぱりした口当たりに、牛乳と生クリームのコクも感じられるブランマンジェ。エディブルフラワーを飾った華やかな見た目に、レモン果汁のクラッシュゼリーがキラキラ感を演出しています。

材料（4個分／調理時間：約30分 ※冷やす時間は除く）

レモン　小3個	板ゼラチン　5g
牛乳　100ml	粉ゼラチン　5g
カモミールティーバッグ　2袋	はちみつ　30g
生クリーム　200ml	エディブルフラワー　適量
砂糖　50g	

作り方

① レモンは、皮を器として使います。
2個を縦半分にカットしてスプーンで果肉をくりぬき、くりぬいた中身は果汁を絞ります。

② 1個は皮をすりおろします。果肉は果汁を絞ります。

③ 小鍋に牛乳とカモミールティーバッグ2袋を入れ、弱火で数分煮出します。

④ ③に生クリーム、砂糖、②のすりおろした皮を加えて中火にかけ、沸騰直前で火からおろし、板ゼラチンを加えます。

⑤ ボウルで④を濾し、氷水を当てて少しとろみがつくまで冷まします。①の器に流し込み、冷蔵庫で1～2時間冷やし固めます。

⑥ ①と②の果汁とはちみつを混ぜ合わせ、水でふやかした粉ゼラチンを加えて冷やして固め、フォークなどでクラッシュします。⑤に乗せ、エディブルフラワーも添えます。

紅玉のタルトレット
バニラクリーム添え
レシピはP110〜をご覧ください。

Tartelettes aux pommes
avec crème anglaise

おいしい おはなし

りんごの鮮度のひみつ
りんご

りんごの収穫時期は8月から11月。青森県では、この時期に収穫した
りんごを、普通の冷蔵庫とCA冷蔵庫と2つの冷蔵庫を使い分けて1年中
新鮮なりんごを出荷しています。CA貯蔵（Controlled Atmosphere：
空気調整）は、りんごを仮眠させた状態で保存できる冷蔵貯蔵技術で、
湿度や酸素、二酸化炭素や窒素など空気組成の調整と庫内温度を管
理して鮮度を保ちながら保存します。春から夏も新鮮なりんごが手に入
るのはこの技術のおかげです。日本野菜ソムリエ協会の「青森県応援サ
ポーター」として弘前市を訪れた際に「CA冷蔵庫」と書かれた倉庫のよ
うな建物を市内でいくつか見かけました。ちなみにりんご農家おすすめ
のおいしいりんごは、底の部分が黄色いもの、「葉とらず」栽培、ずっしり
と重い感じがするものだそうです。

Tartelettes aux pommes
avec crème anglaise

紅玉のタルトレット
バニラクリーム添え

タルトレットとは小さなタルトのこと。メープルシロップが染み込んだ全粒粉の香ばしい香りに思わず笑顔がこぼれます。紅玉の赤みを残すために焼きすぎないのがポイント。バニラクリームが甘みとコクを加えます。

材料（2人分／調理時間：45分／ココット直径10cm）

りんご（紅玉）　1個	バター　10g
全粒粉　50g	メープルシロップ　30g
アーモンドプードル　50g	菜種油　30g
きび砂糖　20g	塩　ふたつまみ

作り方

①　オーブンを180℃に予熱します。

②　りんごは4等分にして芯を除き、そのうち2つをさらに半分に切ります。

③　バターの半量をそれぞれのココットの内側に塗り、
　　底に砂糖の半量をそれぞれ入れます。

④　ココットの中央に、りんご1/4を1つ、左右に1/8を1つずつ、
　　皮面を下にして入れます。

⑤　生地を作ります。
　　ボウルに全粒粉、アーモンドプードル、塩を入れて軽く混ぜます。
　　菜種油を加えて手で軽く混ぜ、さらにメープルシロップを加えて
　　生地がまとまるまで混ぜます。

⑥　生地を2等分にし、丸く形を整えたら④の上に乗せ、
　　180℃のオーブンで約30分加熱します。

⑦　焼きあがったら、膨らんだ生地を木べらで押し込みます。
　　粗熱が取れたら、逆さにしてフォークなどで取り出し、
　　【バニラクリーム】を添えます。

【バニラクリーム（アングレーズソース）の作り方】

材料（2人分／調理時間：約20分）

牛乳　80ｇ
卵黄　1個分
グラニュー糖　20ｇ
バニラスティック　3cm

作り方

① 牛乳にバニラスティックを入れ、沸騰直前まで温めて火からおろします。

② 卵黄とグラニュー糖を白くなるまで混ぜ、
温めた牛乳を少しずつ注いで混ぜ合わせます。

③ 鍋に移して木べらで混ぜながら弱火にかけ、
とろみがついたらすばやく濾します。

④ 氷水に当てて冷やします。

Pavlova aux petites baies

Pavlova aux petites baies

ベリーのパブロバ

メレンゲの軽い食感を楽しむため、卵白をしっかり泡立ててから砂糖を少しずつ加えるのがポイント。焼き上がってもオーブンから出さず、冷めるまでそのままにします。ピンク色の生クリームと重ねて高さを出し、ベリーをアクセントに。

材料（直径8cm円形10個分／調理時間：70分）

【パブロバ】　　　　　　　　　　　　　ベリー　適量
卵白　3個分
塩　少々
グラニュー糖　190g
コーンスターチ　小さじ2
レモン汁　少々
バニラエッセンス　数滴

作り方

① オーブンを180℃に予熱します。

② 【パブロバ】を作ります。
卵白に塩を入れ泡立て、グラニュー糖を大さじ1ずつ加えながら、
さらに泡立てます。

③ ②にコーンスターチをふるい入れ、レモン汁、バニラエッセンスを加えて
艶が出るまでさらに泡立てます。

④ オーブンシートに、口金で③を8cmの円形に絞り出します。

⑤ 150℃のオーブンで約30分加熱し、さらに余熱で30分放置します。

⑥ ⑤と【ホイップクリーム】の順に3回重ね、ベリーを飾ります。

【ホイップクリームの作り方】

材料

生クリーム　200ml
グラニュー糖　大さじ2
ベリーの絞り汁　大さじ1

作り方

1 生クリームにベリーの絞り汁を混ぜ合わせます。

2 ①にグラニュー糖を加えて泡立てます。

Feuilletés aux marrons

マロンパイ

栗の渋皮煮をまるごと1個と、マロンペーストをパイシートで包んだスイーツ
です。見た目は素朴ですが、とても贅沢な味わい。しっかり焼き込むとサクサク
した食感を楽しめます。のんびり過ごすティータイムにいかがでしょう。

材料（8個分／調理時間：約70分／マフィン型直径7cm）

冷凍パイシート18cm角　2枚
マロンペースト　100g
無塩バター　30g
卵　1個
アーモンドパウダー　50g
栗の渋皮煮　8個
溶き卵（艶出し用）

作り方

1 オーブンを200℃に予熱します。

2 ボウルにマロンペーストとバターを入れ、滑らかになるまで練ります。

3 ②に溶いた卵を3〜4回に分けて加え、その都度混ぜ合わせます。

4 アーモンドパウダーを加えてさらによく混ぜ合わせます。

5 パイシートを8等分にしてひと回り大きく伸ばし、
内側にバターを塗ったマフィン型に入れます。

6 8等分にした④と栗の渋皮煮を乗せ、縁に溶き卵を塗り、包みます。

7 表面に溶き卵を塗り、閉じた部分に楊枝で数か所穴を開けておきます。
残り7個も同様に作ります。

8 200℃のオーブンで約25分加熱し、冷めたら型から取り出します。

Confiture bicolore de lait et de fruits

ミルクとフルーツの二層ジャム

ジャムを重ねたとき混ざらないよう、ミルクジャムは根気よくしっかり煮詰めましょう。瓶詰めして冷ましたら、傾けても流れないくらいの硬さかどうか確認してからフルーツジャムをそっと詰めるのがポイントです。

材料（70ml容器3個分／調理時間：約60分 ※固める時間は除く）

【ミルクジャム】	【フルーツジャム】
生クリーム　200ml	キウイ　2個
牛乳（特濃）　100ml	マンゴー　1/2個
砂糖　大さじ3	イチゴ　1/2パック
	各レモン汁　小さじ1
	各グラニュー糖　30g

作り方

1　【ミルクジャム】を作ります。
　　小鍋で生クリーム、牛乳、砂糖を約40分とろみがつくまで煮詰めます。
　　（1/3の量になるくらいまで）

2　粗熱が取れたら瓶に詰めます。

3　【フルーツジャム】を作ります。
　　細かくカットした果肉とレモン汁、グラニュー糖を、
　　とろみがつくまでそれぞれ煮詰めます。

4　固まった②の上に、③を流し入れます。

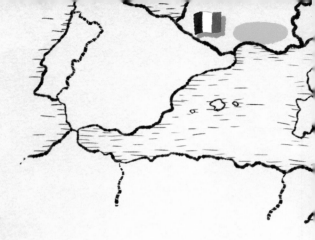

レシピ名の"〜風"とは?

レシピ名の由来

レシピ名に"〜風"とついているものをよく見かけますが、その根拠、由来は何でしょうか?その多くはその地域の風土と食材に由来していることが多く、その地域の食文化にも深く関わっています。ここでは地中海沿岸のそれぞれ異なる3つの地域をご紹介します。

**豊富な種類のハーブと
使い方のバリエーション**

プロヴァンス風

にんにくとオリーブオイル、ハーブを頻繁に使うのが特徴です。この南仏地方の石灰質で水はけがよい地質、乾燥した地中海の温暖な気候がハーブの生育に適しているため、種類が豊富で、多様な使い方がプロヴァンス風ならではの魅力です。ミックスハーブのひとつ"エルブ・ド・プロヴァンス"は、タイムやオレガノ、セージなど10数種類の乾燥ハーブをブレンドしたもので、家庭によってハーブの組合せが異なります。肉や魚の臭み消しはもちろんですが、シンプルな野菜のスープにひと振り加えるだけで、爽やかな香りで深みのある「プロヴァンス風野菜スープ」が出来上がります。マルセイユは魚介の煮込み料理「ブイヤベース」が有名ですが、ご家庭でも4〜5種類の新鮮な魚介とトマトなどの野菜をハーブと合わせて煮込めば、「プロヴァンス風ブイヤベース」になります。

エーゲ海の恵みに
東地中海のスパイスが香る

ギリシャ風

東地中海のトルコ料理やレバノン料理などの影響を強く受けているのが特徴です。例えば、肉を小さくカットし串に刺して炭火で焼いた"小さな串"「スブラキ」は、トルコ料理の「シシカバブ」から伝わり、山岳地帯が多いギリシャでは山羊肉、羊肉が多く使われます。ヨーグルトの歴史も古く、「サジキ」は「ギリシャ風ヨーグルトディップ」。魚卵も多く使われ、たらこを使った「タラモサラダ」も「ギリシャ風サラダ」の代表格です。野菜や魚介を、ヨーグルトや東地中海地方のスパイスでアレンジすれば、ギリシャ風の情緒を楽しむことができます。

地中海の郷土料理と
アラブの融合

シチリア風

地中海のほぼ中央、イタリア半島の西南に位置するシチリア島は地中海のマグロ業の拠点です。マグロの他にいわし、なす、ズッキーニ、レモン、羊のリコッタチーズなどがメインの食材として使われます。対岸アラブの影響も強く受けており、クスクスなども使います。またシチリアではフェンネルも欠かせないハーブです。パレルモの伝統料理「パスタ・コン・レ・サルデ」（いわしのパスタ）は、フェンネルの葉を使ったアンチョビソースでパスタを和えたもの。パスタをシチリア風にしたいときは、フレッシュフェンネルを加えれば「シチリア風いわしのパスタ」になります。

参考文献：世界遺産になった食文化② 健康的な食生活 地中海料理（WAVE出版）服部津貴子（監修）こどもくらぶ（編）

お茶でも楽しめるローズマリー

ローズマリーはお茶代わりに毎日よく飲みます。葉の成分で花粉症が改善できるのでは？と思い飲み始めたのがきっかけですが、今は花粉症からすっかり解放されました。ローズマリーは新じゃがとも相性がよく、毎年楽しみにしているのはじゃがいもの収穫時期だけに楽しめるローズマリーポテト。直径3cmほどの小さな掘りたてのじゃがいもを皮ごと素揚げし、枝ごと揚げたローズマリーの葉と自然塩をまぶしたもの。小さなじゃがいもは店では手に入らないので家庭菜園ならではのごちそうです。

コリアンダー

タイム

イタリアンパセリ

癒やされる、初夏に咲くハーブの花

ハーブ類は育てるのに手がかからないのでいくつか庭や畑で育てています。中でも好きなのはコリアンダー。初夏に小さな可憐な花を咲かせますが満開の1週間ほどは、あたり一面がコリアンダーの香りに包まれます。またグランドカバーとして植えているタイムも可憐な花が地面を這うように咲きます。イタリアンパセリは、葉を摘まないでそのままにしておくと同じセリ科のにんじんの花に似た白い花がボールのように丸い形になります。ハーブ類は料理の楽しみだけでなく、花にも癒やされます。
（クリエイティブディレクター 織本真理）

雪結晶パスタ・サクラパスタ

山形県のアンテナショップで一目惚れした
ショートパスタ。愛らしい形は料理のアクセ
ントにぴったり。作っているのは山形県・玉
谷製麺所さん。デュラム小麦のセモリナを
使い、オリジナルの形に成形したパスタは
モチモチとした食感です。雪結晶パスタは、
P62〜64のクリスマスハムでトッピングに
使いました。サクラパスタは国産ビーツで
ピンク色にしているのだとか。右はカリフラ
ワーのスープにサクラパスタを乗せた一皿。
春の気分が盛り上がります。

サヴァ？
（元気？）

Ça va(サヴァ)？缶

フランス語のÇa va?ロゴデザインが印象的
なさば缶は、岩手県から誕生したオリジナ
ル洋風缶詰。長期保存できる缶詰は買い置
きしておくと便利です。我が家ではこのさば
缶を、賞味期限が近づいたものから順番に
食べ、減った分を買い足すローリングストッ
ク法で備蓄しています。さばは骨まで柔らか
く、そのままでも十分おいしいのですが、ア
レンジを考えるのも楽しいもの。左はトマト
ソースをからめたパスタに、レモンバジル味
を乗せたもの。簡単に味が決まります。
（デザイナー 神宮寺恵美）

鋳物ホーロー鍋と スパチュラ

毎日何かと使っているこの鋳物ホーロー鍋。野菜を刻んでさっとスープを作ったり、カレーやシチュー、根菜の煮物をしたり、ついつい頻繁に使ってしまいます。素材本来の味が楽しめるので、おいしさを伝えたい子供のためにも大切に愛用しています。またスパチュラはおいしい料理を最後まで食べきるために重宝するアイテムの一つです。鍋底をきれいにさらえるうえ、排水する汚れが最小限で済み、節水にもなる環境に優しいお気に入りです。

葉野菜ブラシと マッシュルームブラシ

時短に便利!

野菜やきのこの汚れを落とすのに重宝するのがこのブラシです。葉野菜ブラシは、根っこに付く細かい粒子の泥や柔らかい葉に付く小さな虫を、葉を傷付けずに洗い落とすことができます。無農薬や減農薬野菜を使うときに時短になり助かっています。またマッシュルームブラシは豚毛で適度な硬さがあるので、カサやヒダに入り込む汚れも掻き出しやすく、持っているとしいたけなどのきのこに便利です。どちらもきれいに洗いよく乾かして大切に使っています。

（プランナー 毛利麻衣子）

マグカップ

毎日の楽しみ！

今では私の生活に欠かせなくなったコーヒー。ほぼ毎日飲むものだから、カップも大事と思い探し始めたら、デザインはもちろん、持ちやすさや飲み口の薄さ、カップの容量と、凝りたいポイントがいくつもあります。そして、つい手に取ってしまうのが「ニューヨーク」がモチーフにされているもの。好きな街にいつでも行けるような気がして、選んでしまいます。洋服を選ぶような感覚で、天気やその時の気分で、使うカップを選ぶのも毎日の楽しみのひとつになっています。

ラッピング

幼少時代、母親がよくお菓子を作ってくれていたこともあり、家には常にお菓子のラッピング用品があり、綺麗な包装紙などをよく集めていました。その後もお小遣いなどで買い集めるなど、収集癖は治らずじまい。アメリカ留学時には、ラッピング用品がスーパーなどで手に入ることもあり、誕生日のギフトなどを自分でラッピングすることが増えていきました。今でも、タグを作るなど、贈る相手のことを考えながらラッピングを楽しんでいます。
（デザイナー　滝沢明子）

またお会いしましょう

お料理は存分にお楽しみいただけましたでしょうか？
BISTRO VEGEE'Sが目指すのは、五感を通して感じる食の楽しさと心満
たされる時間です。テーブルを囲んだ人が笑顔になれる時間をデザイン
できたら、という発想から生まれたこの1冊。見るだけでも楽しめるレシピの
ビジュアルブック「BISTRO VEGEE'S」。食材や食器からひらめくアイデアを、
ひと皿に集約する過程はデザインそのものです。次回お会いするときも、この
楽しさを皆様と共有できるメニューをご用意してお待ちしております。

クリエイティブユニット Vegee's®（ベジーズ）とは

株式会社織本真理企画室で野菜ソムリエの資格を有する「コピーライター」「グラフィックデザイナー」「プランナー」で構成される食のクリエイティブチーム。さまざまなライフステージにいるメンバーが、企画からレシピ開発、撮影、デザインまで一貫して手掛け、企業から依頼されるレシピ集や広告、カタログ、販促物などの制作を行っています。

織本真理　神宮寺恵美　滝沢明子　毛利麻衣子　佐野園郎（いお）

【撮影・スタイリング】株式会社フルバック　http://web-fullback.co.jp/
【イラストレーション】米澤よう子　http://www.paniette.com/

P123・P125 撮影協力：富江延彦・後藤利則

株式会社 織本真理企画室

女性向け市場に強い広告企画&デザイン会社として1985年創業。女性スタッフが女性の視点で、企画から制作まで一貫して行うユニークな会社です。今までに手掛けた業種は、家電品、美容関連、流通、食品、ファッション、通販など多岐にわたり、女性をターゲットにした分野で結果を出すクリエイティブなど、さまざまな実績を持つ会社です。

※Vegee'sは（株）織本真理企画室の登録商標です。

りょうり　たの
デザインをするように料理を楽しむ
びすとろ　　　　　　べじーず
BISTRO VEGEE'S

2020年6月19日　初版第1刷

編／Vegee's

発行人／松崎義行

発行／みらいパブリッシング

東京都杉並区高円寺南4-26-12 福丸ビル6階 〒166-0003

TEL 03-5913-8611　FAX 03-5913-8011

http://miraipub.jp　E-mail : info@miraipub.jp

企画協力／Jディスカヴァー

撮影・スタイリング／株式会社フルバック

イラストレーション／米澤よう子

編集・ブックデザイン／Vegee's

発売／星雲社（共同出版社・流通責任出版社）

東京都文京区水道1-3-30 〒112-0005

TEL 03-3868-3275　FAX 03-3868-6588

印刷・製本／株式会社上野印刷所

©Vegee's 2020 Printed in Japan
ISBN978-4-434-27579-1 C2077